27.

Ln 13057.

LETTRE

DE CLÉMENT MAROT

A MONSIEUR DE ***,

TOUCHANT CE QUI S'EST PASSÉ,

A L'ARRIVÉE DE JEAN-BAPTISTE DE LULLI,

AUX CHAMPS-ÉLYSÉES.

LYON.

DURAND ET PERRIN, IMPRIM.,

SUCCESS. DE BALLANCHE ET DE CUTTY,

M DCCC XXV.

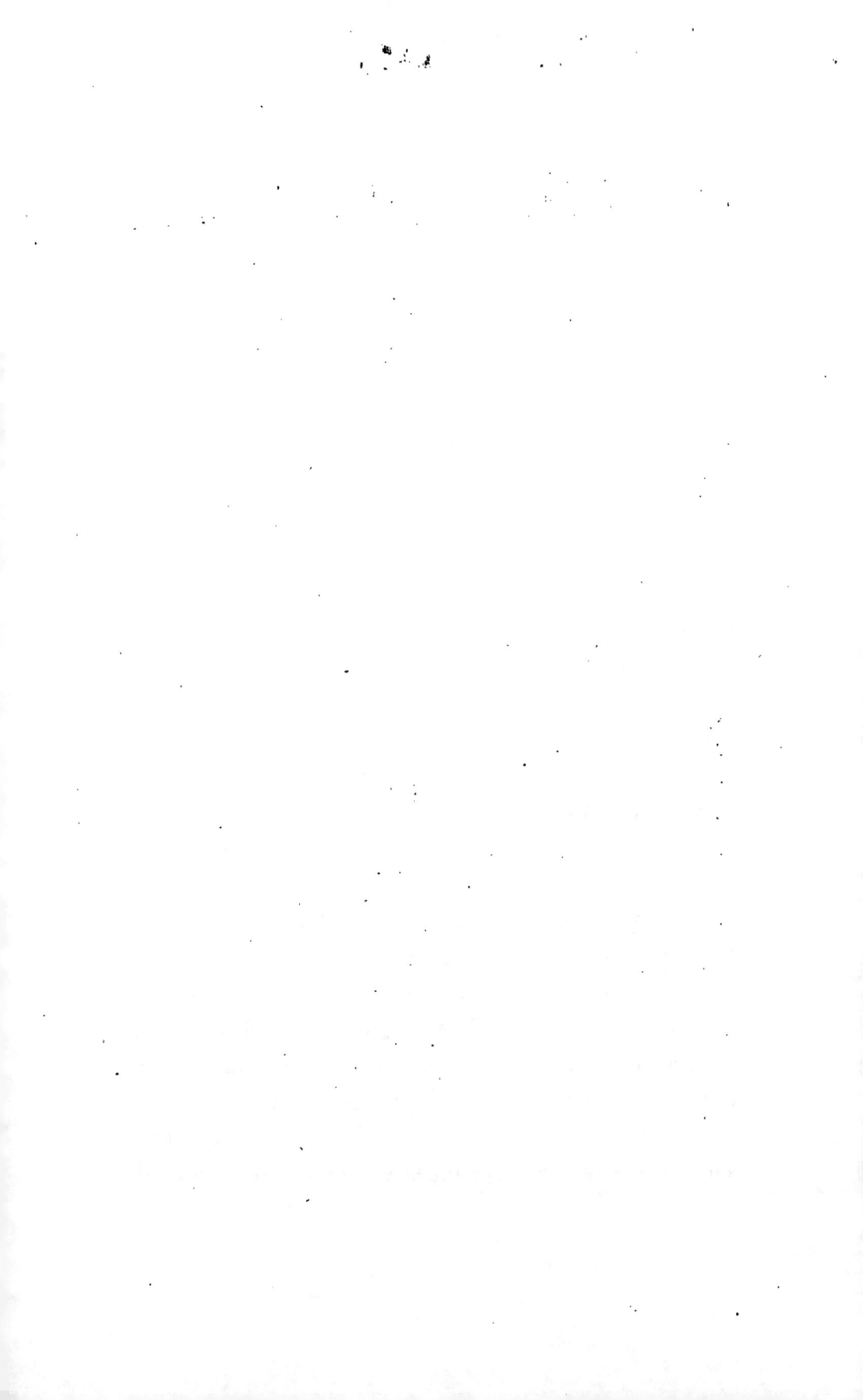

****

AVERTISSEMENT

DE L'ÉDITEUR.

———————◦———————

Un poète plein de goût et d'imagination, un philosophe aimable et spirituel, formé à l'école des génies classiques du dix-septième siècle, Sénecé, que Voltaire et Laharpe ont seuls vengé des injustices de la renommée, n'a jamais occupé, dans notre littérature, le rang honorable qui lui appartenait à plus d'un titre. Doué d'une modestie égale à son talent, ignorant lui-même ses droits à la célébrité, il répandit au hasard les vers qui échappaient à sa plume facile, et ne songea point à les réunir pour s'en faire un titre aux yeux de la postérité. Connu, du moins de tous les gens de lettres, comme auteur d'un poëme satirique et de deux contes en vers d'un mérite incontestable, on pouvait s'étonner qu'aucun ami de sa gloire n'eût cherché à tirer de l'oubli les autres productions de cet ingénieux écrivain. Trois satires imprimées en 1695 sous le voile de l'anonyme, une épître allégorique, en prose, également publiée sans nom d'auteur, un recueil d'épigrammes que le poète, déjà septuagénaire, confia, pour le mettre au jour, à l'amitié du père Ducerceau, voilà de quoi se composait en apparence toute la fortune littéraire de Sénecé ; tandis qu'une foule de pièces fugitives, des épîtres pleines de grâce et de facilité, d'excellens morceaux de critique en prose, des contes enfin, dignes de l'auteur de *Camille* et du *Serpent mangeur de Kaïmack*, existaient inédits dans de riches porte-feuilles, ou restaient épars dans vingt recueils complètement oubliés. Des recherches assidues, et la bienveillance généreuse de quelques vrais amis des lettres, ont réuni dans nos mains ces précieux matériaux ; ils vont nous servir à publier une édition complète, monument tardif que plus d'un sentiment nous porte à élever à la mémoire de Sénecé. Les œuvres inédites formeront à elles seules la moitié de cette édition ; mais parmi les pièces imprimées du vivant de l'auteur, il en est qui sont devenues si rares, qu'aux yeux mêmes des bibliophiles elles auront encore tout le mérite de la nouveauté. Tel est l'opuscule que nous réimprimons aujourd'hui comme *specimen* de notre entreprise, et qui, tiré à un très petit nombre d'exemplaires, n'en restera pas moins une rareté, jusqu'à ce qu'il paraisse de nouveau dans l'édition complète que nous préparons.

P. A. C.

****

Mâcon, 5 mai 1687 [1].

QUAND vous négligez un ami absent, et absent
depuis plusieurs années, vous agissez en homme
de cour, et moi quand, malgré votre indiffé-
rence, je conserve toujours la chaleur de mon
amitié, j'en use en homme de campagne. Nous
autres gens oisifs, relégués parmi les choux et
les melons, nous n'avons autre chose à faire
qu'à rappeler nos anciennes idées ; nous nous
faisons un plaisir de tenir encore au monde par
un petit endroit, et nous nous flattons que la
mémoire de nos honneurs passés est une espèce
de lien qui les unit avec notre bassesse présente
pour nous la rendre en quelque manière plus
supportable. Pour vous, à qui les occupations
actuelles ne laissent point de loisir pour la réflexion, vous demeurez si absorbé dans le présent que vous ne pouvez être touché ni de la

[1] L'auteur s'était retiré dans sa patrie en 1683, après la
mort de la reine Marie-Thérèse, dont il avait été premier valet de chambre.

1

mémoire du passé , ni de la méditation de l'ave-
nir. A la bonne heure , soit , il faut que chacun
remplisse ses devoirs ; le vôtre est d'être un courtisan oublieux et négligent pour tout ce qui ne
conduit point à la fortune , le mien d'être un
campagnard du siècle d'or , constant dans ses
anciens attachemens, et comme j'ai des preuves,
par votre silence de plusieurs mois, que vous
oubliez parfaitement bien , je veux vous faire
connaître que je me souviens encore mieux, en
vous écrivant pour le moins huit jours de suite.
J'aurais peine à y fournir de mon fonds, mais
heureusement il m'arriva ces jours passés une
aventure dont le récit pourrait occuper agréablement s'il était fait dans les règles, et où il
entre des nouvelles de votre ancienne et de votre
moderne connaissance. Si je vous les conte de
bonne grâce , je satisferai au désir que j'ai toujours conservé de vous être agréable , et si je n'y
réussis pas, je me vengerai de votre oubli en
vous engageant dans les horreurs d'une lecture
fatignante.

Il y a quelques jours que, rentrant chez moi
assez tard , mon valet me mit entre les mains
un paquet qu'il me dit avoir été apporté par une
personne inconnue. Je jetai les yeux dessus et

je n'y remarquai aucune écriture; je frottai l'enveloppe pour ôter la poussière qui avait pu s'y attacher, et je le portai à la lumière, tout cela sans aucun succès et sans y apercevoir une ombre de caractère. Je n'hésitai pas un moment à croire que c'était un exploit, et je ne doutai pas que l'assassinante honnêteté de quelque huissier respectueux ne se fut servie de cet expédient pour me rafraîchir la mémoire, le plus doucement qu'il se pourrait, des tributs que je paie tous les ans pour avoir eu l'honneur de rendre service à la reine [1]. Dans cette pensée, je pris un flambeau et courus à mon cabinet faire l'ouverture de cette dépêche suspecte, pour cacher à ma famille l'émotion qu'elle pouvait me causer. La précipitation avec laquelle je marchais fit éteindre ma lumière, ce qui ne fut pas plutôt arrivé que je remarquai que la surface du paquet que je tenais dans ma main semblait jeter de petites étincelles confuses. A peine eus-je passé la main dessus, que j'aperçus distinctement mon nom qui s'y trouvait écrit en caractères brillans

---

[1] Le séjour que Sénecé avait fait pendant dix ans à la cour avait tellement altéré son patrimoine, que sa terre était alors grevée d'une *hypothèque de dix mille écus*, dont il payait annuellement les intérêts.

et lumineux, avec tout le reste de mon adresse..
J'en fus surpris, mais je ne le fus pas long-
temps ; je me ressouvins sur-le-champ de cette
ingénieuse composition que l'on appelle phosphore et dont on doit l'invention à la célèbre
académie de Londres [1], qui enrichit tous les
jours les cabinets des curieux de quelque
expérience de physique. J'en avais vu autrefois
d'assez grosses pièces chez le roi, et même j'en
avais l'idée toute récente, au sujet d'un petit
morceau qu'en apporta ici, le carnaval passé, un
gentilhomme de mes amis à qui un milord an-
glais en avait fait présent. Je n'ai que faire de
vous dire que c'est une espèce de mastic composé d'huile et de minéraux qui participent le
plus de la nature du feu, que cette composition
exhale continuellement une manière de fumée,

---

[1] C'est à un alchimiste de Hambourg, nommé Brandt,
qu'on doit la découverte du phosphore ; elle eut lieu en 1669.
Quelques années plus tard, Kunkel, chimiste allemand, et
Robert Boyle, en Angleterre, le découvrirent à leur tour ;
mais ils gardèrent le secret de sa préparation. Un apothicaire
de Londres, collaborateur de Boyle, vendit long-temps du
phosphore à toute l'Europe, sous le nom de *phosphore d'Angleterre*. Comme ce secret ne fut connu en France qu'en 1737,
il n'est pas étonnant de voir Sénecé parler d'une manière aussi
inexacte des effets et surtout de la nature du phosphore.

qu'on la conserve dans l'eau pour empêcher qu'elle ne se consume, qu'elle brille dans l'obscurité d'une lumière assez vive, et même, ce qui vient particulièrement à notre fait, que s'en servant comme d'un crayon pour écrire sur le papier, bien que les caractères ne paraissent pas d'abord, on n'a qu'à les frotter avec la main et les porter dans un lieu obscur, pour n'en pas perdre le moindre trait, non plus que si c'étaient des traits de flamme, de quelque côté de la feuille qu'on les veuille regarder. Vous savez tout cela mieux que moi; ce que j'ai à vous dire, c'est qu'après être revenu de ma surprise, je fis l'ouverture de mon paquet, et passant légèrement la main sur les feuilles de cette dépêche, j'y lus dans l'obscurité la relation dont je vous envoie une copie. Comme je ne connaissais point le caractère, je courus avec précipitation à la signature, ainsi que l'on fait toujours en cas pareil, et je ne fus pas médiocrement étonné d'y trouver le nom de Clément Marot, avec la date que vous allez lire.

LETTRE

DE

CLÉMENT MAROT,

A MONSIEUR DE S***

Des Champs-Élysées, le 20 avril.

J'AI succombé à la douce tentation de faire encore
parler de moi dans votre monde, et j'ai cru que mon
nom ne pouvait revoir plus agréablement la lumière
qui vous éclaire, que sous des auspices comme les
vôtres. En effet, nos inclinations et nos fortunes ont
été assez égales ; nous avons tous deux aimé les bel-
les-lettres, nous avons eu tous deux ce caractère
d'esprit aisé qui ne connaît guère de règles que le
caprice, qui préfère la liberté à toute chose, et qui
ne sait point encenser les idoles de la faveur. Nous
avons tous deux paru à la cour avec plus de réputation que de bonheur, et tous deux nous en avons été
exilés après plusieurs années de service ; vous par

la mort de la reine, votre maîtresse, et moi par les calomnies de mes ennemis [1].

Cette conformité, dont j'estime que vous ne vous tiendrez pas déshonoré, m'a fait naître l'envie de lier avec vous un commerce qui ne peut vous être désagréable, non plus qu'à moi, puisque nous parviendrons par ce moyen à nous communiquer des nouvelles qui n'avaient guère passé, jusqu'à présent, de l'un de nos mondes dans l'autre. Vous ne serez pas embarrassé pour me faire tenir vos dépêches; les occasions en sont fréquentes, et chaque jour nous amène quantité de vos habitans. Pour moi, je n'aurai pas la même facilité; les morts voyagent peu et ne reviennent que dans les légendes, mais c'est là mon affaire; puisque je vous recherche, je dois faire les gros frais de notre correspondance, et il ne tiendra qu'à votre régularité que vous n'ayez souvent des relations de ce qui se passe chez nous de curieux, dussé-je faire la dépense de vous dépêcher des courriers exprès : je tâcherai surtout de les choisir de figure à ne vous point effrayer; mais coupons court sur le

---

[1] Marot et des Périers, tous deux valets de chambre, l'un de François I.er, l'autre de Marguerite de Valois, sa sœur, furent amis et rivaux de gloire, et se distinguèrent tous deux dans le genre du conte. Belloc et Sénecé, tous deux aussi valets de chambre, l'un de Louis XIV, l'autre de la reine Marie-Thérèse, son épouse, s'exercèrent dans le même genre de poésie et furent également liés de la plus vive amitié.

compliment; entre courtisans, je sais combien sobre-
ment on en use, et pour vous convaincre que la cour
du roi François n'avait pas, sur cet article, les ma-
nières moins aisées que la vôtre, je veux, sans plus
long préambule, vous conter un événement tout nouveau qui a fait du bruit dans le silence de nos ombres.

Comme je m'entretenais ces jours passés dans une
forêt d'orangers, avec Catulle et le cavalier Marin,
nous entendîmes une harmonie confuse dont nous
avions peine à discerner les sons, et qui, s'approchant
de nous peu à peu, nous fit enfin démêler que c'était
une excellente symphonie, composée de diverses
sortes d'instrumens. Un moment après parut Mer-
cure, qui exerce toujours sa charge d'introducteur
dans ce royaume, non point habillé de ces lambeaux
dont on le charge tous les mois pour le rendre plus
galant, mais dans ses plus beaux habits de fête, et
tel qu'il était dans les premiers temps, avant qu'il se
fournît à la friperie. Il nous fit signe, avec son ca-
ducée, que nous eussions à nous tirer à quartier, et
nous dit, sans s'arrêter, que nous allions voir passer
le triomphe du fameux Jean-Baptiste Lulli, descendu
depuis peu de jours dans les plaines que nous ha-
bitons. Cette nouvelle excita notre curiosité, qui ne
tarda pas à être satisfaite.

Sur une espèce de brancard, composé grossière-
ment de plusieurs branches de laurier, parut, porté

par douze satyres, un petit homme d'assez mauvaise mine et d'un extérieur fort négligé. De petits yeux bordés de rouge, qu'on voyait à peine et qui avaient peine à voir, brillaient d'un feu sombre qui marquait tout ensemble beaucoup d'esprit et beaucoup de malice; un caractère de plaisanterie était répandu sur son visage, et certain air d'inquiétude régnait dans toute sa personne; enfin, sa figure entière respirait la bizarrerie, et quand nous n'aurions pas été suffisamment instruits de ce qu'il était, sur la foi de sa physionomie, nous l'aurions pris sans peine pour un musicien. Autour de lui volaient plusieurs petites banderoles; dans une on lisait, écrit en lettres d'or, Cadmus; dans une autre, Psyché; dans une troisième, Bellérophon; enfin, dans chacune, le nom de quelqu'un de ces opéras dont Lulli a réjoui la France pendant dix-huit ou vingt ans. Autour de cette machine était rangée une troupe de violons et de hautbois ramassés à la hâte, qui jouaient la symphonie des Champs-Élysiens de l'opéra de Proserpine. Lulli battait la mesure avec beaucoup d'impatience, fort chagrin de ne pas les trouver si bien concertés que ceux qu'il avait façonnés de sa main en l'autre monde, et avec lesquels il paraissait qu'il eût voulu retourner de tout son cœur. Les satyres faisaient marcher leur fardeau en cadence, dont la justesse était quelquefois interrompue par les trépignemens que l'ignorance des concertans arrachait à la gravité du triom-

phateur. Après cela paraissait un gros des plus illustres musiciens de l'antiquité, ayant Orphée à leur
tête; ils faisaient cortége à leur confrère et témoi-
gnaient, par un profond silence accompagné de quelques gestes d'admiration, l'estime qu'ils avaient pour
cette charmante symphonie. A la vérité, les musiciens
modernes ne paraissaient point à cette fête; il y en
avait seulement quelques-uns qui suivaient de loin,
et semblaient plutôt être là pour critiquer que pour
faire honneur à Lulli. Un seul d'entre eux se faisait
remarquer par son empressement. Il s'était érigé,
de son chef, en maître des cérémonies; il réglait
la marche, il ordonnait de toutes choses, il se dé-
montait le corps et le visage à force de grimaces et
de contorsions, il mendiait l'approbation des spectateurs avec une ardeur si persuasive, qu'il était impossible de la lui pouvoir refuser. Cet homme était
le célèbre Beaujoyeux, que plusieurs conformités
intéressaient puissamment en faveur de Lulli. Si vous
ne savez pas ce que c'était que Beaujoyeux, je vais
vous en instruire en peu de mots. Beaujoyeux était
de Florence, comme en était Lulli; comme lui, il
avait commencé à se distinguer dans le monde par
son talent à jouer du violon, où il excellait par-
dessus tous les hommes de son temps. Le maréchal
de Brissac étant alors gouverneur de Piémont, l'a-
vait pris à son service et en avait fait présent à la
reine Catherine de Médicis, comme d'un homme

unique en son espèce, de même que mademoiselle
d'Orléans avait fait présent au roi de Lulli. Dans
ses commencemens, Beaujoyeux ne se faisait appeler
que Baltazar ou Baltazarin, comme Lulli, dans les
siens, se contentait du nom de Baptiste. Mais l'un
et l'autre ayant eu le bonheur de plaire à la cour,
et de faire une fortune considérable par le moyen
de leurs inventions de ballets et de représentations
en musique, ils jugèrent également à propos d'alon-
ger leurs noms à proportion de l'agrandissement de
leur fortune, et se firent appeler, l'un, le seigneur
Baltazar de Beaujoyeux, et l'autre, le sieur Jean-
Baptiste de Lulli. C'était donc cette ressemblance
de mœurs, de patrie et de succès, qui intéressait
si puissamment Beaujoyeux à la gloire de Lulli,
et il lui semblait qu'il retomberait quelque chose
sur lui-même de l'honneur ou de la confusion que
son compatriote allait recevoir. Une foule d'ombres
de toute sorte de conditions et de nations différentes, suivait la pompe de cette marche; mais le
plus grand nombre était de ceux que les Italiens
appellent *virtuosi*, mot que nous ne rendons que
par une périphrase, et que nous concevons sous
l'idée de ceux qui se distinguent par l'amour et
la connaissance parfaite des sciences ou des beaux-
arts.

Au moment où ce spectacle passait à l'endroit où
nous étions arrêtés, il arriva une chose assez plai-

sante. Un violon du feu roi, qui s'était joint à la
bande, croyant se signaler par-dessus les autres,
joua certain endroit de sa partie avec force varia-
tions et roulemens, s'imaginant, suivant les principes de son temps, que cette méthode donnait beaucoup de grâce à son jeu, et que c'était là le plus ex-
quis raffinement de son art. Alors la patience échap-
pant à Lulli, il tira de son brancard une des plus
grosses branches qu'il put arracher, et lui en don-
nant cinq ou six coups sur les oreilles : « Eh ! mor-
« bleu, coquin, lui dit-il, ôte-toi d'ici ; va-t'en avec
« ta broderie faire danser les servantes de cabaret,
« si cabaret il y a dans ce pays, et ne viens point,
« par tes contretemps, défigurer les meilleurs ac-
« cords de ma symphonie. » Le malheureux se retira tout honteux avec cette correction, et nous, tout
en riant, nous nous mêlâmes à la foule des spectateurs, résolus d'être témoins de la réception qui serait faite à Lulli, et du jugement qui serait rendu
sur le mérite de ses ouvrages.

Chemin faisant, je m'avisai de demander à Catulle
par quelle raison l'on ne voyait point les musiciens
modernes empressés de rendre à Lulli les mêmes
honneurs qu'il recevait des musiciens des premiers
siècles. Ne vous en étonnez pas, me dit-il, l'homme
est une espèce d'animal envieux et jaloux, surtout
l'homme de lettres ou celui qui excelle dans quelqu'une
de ces connaissances ingénieuses que nous appelons

les beaux-arts. Il nous semble toujours que la réputation des gens de notre profession ternit le lustre de la nôtre, et particulièrement celle des hommes qui ont vécu dans le même temps que nous, ou qui en ont approché. Pour ceux qui nous ont précédé d'un temps considérable, on estime que ce ne soit pas la même chose; nous considérons l'éclat de leur gloire comme affaibli pour venir jusqu'à nous; nous appréhendons moins d'en être effacés, et notre amour-propre se flatte que si nous cédons aux anciens, le respect que l'on a pour leur âge a plus de part à cette déférence que celui que l'on a pour leur mérite. De là vient que vous voyez tous les jours, dans votre monde, des auteurs qui, chicanent sans quartier certaines gens de leur volée, d'ailleurs très dignes d'admiration, et les attaquent sur un mot ou sur une expression qui leur paraît faible, tandis qu'ils consacrent les moindres bagatelles des anciens, lors même qu'ils les entendent le moins, et veulent à toute force leur trouver de l'esprit dans les endroits où peut-être jamais ils ne prétendirent en avoir. Ainsi, la jalousie que l'on a contre les modernes, fait souvent la meilleure partie de l'admiration que l'on témoigne pour les anciens. Sur les mêmes principes, mais appliqués différemment, roule la complaisance que témoignent ici-bas, pour les modernes, les illustres des premiers siècles. Ils se considèrent comme les originaux, et contemplent avec plaisir leur image prétendue dans les productions louables des auteurs de ce temps. Ils comptent pour peu de chose ce que ceux-ci ont pu mettre du leur à polir les premières inventions, et ils regardent comme leur patrimoine toute la gloire qui peut revenir à ceux auxquels il ne reste, ce leur semble, que le faible honneur de les avoir suivis.

En nous entretenant ainsi, nous arrivâmes avec la troupe au temple de Proserpine, qui est le lieu destiné aux apothéoses, ou si vous l'aimez mieux, aux consécrations que l'on a coutume de faire des noms célèbres à l'immortalité. Quand il descend dans ce royaume une ombre qui prétend avoir bien mérité du genre humain, soit en inventant d'utiles ou d'agréables nouveautés, soit en perfectionnant les inventions des autres, quelque savant du premier ordre, quelque illustre dans une profession libérale, on le conduit en présence de la reine, où quelqu'un de ses amis fait son éloge et expose sa prétention; ensuite il est permis à tous les assistans de proposer tout ce qu'ils ont à dire contre lui; après quoi la reine, ayant pris l'avis de son sénat, prononce l'arrêt qui lui assure l'immortalité ou qui l'en exclut pour jamais. Pour l'ordinaire, Pluton honore de sa présence de semblables examens; mais il est occupé, depuis quelques jours, à pacifier une sédition terrible qui est arrivée dans les enfers, où les esprits sont fort inquiets, et prévoyant que cette affaire, jointe à quelques autres, l'occuperait assez long-temps, il a établi la reine son épouse régente des Champs-Élysiens pendant son absence, et lui a remis les sceaux de cette partie de son empire.

On avait dressé, dans le vestibule du temple, un trône sur lequel Proserpine était assise, et à quelque distance on avait placé des bancs moins élevés, sur lesquels étaient rangées six princesses d'une beauté surprenante et d'une magnificence qui n'y répondait pas mal. Au pied d'un superbe escalier, les satyres mirent bas la machine, et Lulli monta gravement vers le trône, soutenu sous les bras par Orphée d'un côté et par Beaujoyeux de l'autre, comme un ambassadeur que l'on conduit à l'audience du Grand-Seigneur. A peine avait-il fait quelques pas, qu'on le vit changer de couleur et faire paraître sur son visage plus de crainte qu'il n'en avait jamais eu pour le prétendu poison de Guichard; alors tirant Orphée par la manche: « Notre maître, lui dit-il, sommes-nous ici en sûreté? — Et d'où vient, répondit Orphée, que vous me faites cette question? — Eh! vertu de ma mort, répliqua Lulli, ne voyez-vous pas que l'on me conduit devant un tribunal de femmes? Avez-vous oublié comment il vous en prit d'être jugé par des Bacchantes[1]? Et ne tremblez-vous pas encore au souvenir de la bonne et brève justice qu'elles

[1] Virg. Georg. liv. IV.; Ovid. Métam. liv. XI.

prirent en gré de vous faire? De vous à moi, je ne sens pas mes affaires bien nettes sur l'article qui vous coûta le jour. Entre gens de la même profession, il n'est pas nécessaire de s'expliquer davantage; retirons-nous, je vous prie, tandis que je ne suis encore mutilé d'aucun de mes membres. Serviteur à la gloire, s'il faut y aller par ce chemin-là. — Rassurez-vous, répondit Orphée en souriant, les morts ne craignent point la solution de continuité; il y a si peu que vous êtes mort, que vous avez peine encore à vous souvenir de tous les priviléges attachés à cette heureuse condition, parmi lesquels celui de ne pouvoir être démembré est incontestable; mais à prendre tout au pis, que pensez-vous craindre de Proserpine, dont vous avez fait revivre en l'autre monde, avec tant d'éclat, la mémoire presque éteinte? Vous voyez bien que son jugement ne peut que vous être favorable, par le soin qu'elle a pris de vous choisir des conseillères, qui toutes vous ont obligation comme elle. »

Alors Lulli, clignant ses petits yeux et les fermant à demi pour voir plus clair, aperçut, à la faveur d'une assez vilaine grimace, qu'effectivement à la droite de la reine étaient assises Hermione, Alceste et Sangaride, et que sa gauche était occupée par Oriane, Angélique et Armide [1], toutes vêtues de

---

[1] Personnages de divers opéras mis en musique par Lulli.

nobles habits de théâtre dont autrefois il leur avait fait présent, et portant sur leurs beaux visages des marques évidentes d'une disposition favorable pour lui.

Cet objet l'ayant un peu rassuré, il continua de monter d'un pas plus ferme; toute l'assemblée le suivit, et quand on fut arrivé au haut du perron, après les génuflexions en tel cas requises, Beaujoyeux, en panégyriste moderne et dont le zèle faisait une partie de l'éloquence, après avoir débité quantité de fades lieux communs à la louange de la musique, en vint au fait, et soutint, par un discours étudié, que la reine, dans sa justice, ne pouvait se refuser à rendre un jugement par lequel le nom de Lulli fût affranchi de l'oubli et placé parmi les noms célèbres dans le temple de mémoire. Ses principales raisons furent que, par la propre force de son génie, Lulli avait acquis ce rare talent qui avait fait tant de bruit dans le monde; qu'ayant été poussé hors de son pays par la nécessité, dans un âge où l'industrie n'a point de lieu, il s'était formé de lui-même, sans autre maître que son étoile; que l'école où il s'était instruit avait été l'antichambre de Mademoiselle [1], où il avait pris, parmi les pages et les valets de pied, les premières teintures de ce qu'il avait été dans la suite. Cet endroit de son éloge fit sourire

[1] Mademoiselle de Montpensier.

malicieusement la plupart des auditeurs; mais l'orateur continua sans y prendre garde, et ajouta qu'ensuite, s'étant attaché au plus grand des rois, alors
dans l'âge où l'on a le plus de goût pour les plaisirs,
il avait, dès son début, effacé tout ce qu'il y avait
de musiciens dans la cour la plus brillante de l'u-
nivers, par la beauté de ses airs, par leur variété
surprenante, par la justesse de ses dessins pour les
ballets, et par la part qu'il avait prise lui-même à
leur exécution, ce dont il s'était toujours acquitté
avec une grâce qui enlevait les cœurs, soit qu'il
prît en main son violon, soit qu'il se mêlât dans les
entrées de danse [1]; qu'ensuite, prenant des idées
plus vastes à mesure qu'il faisait de plus grands
progrès dans son art, il avait résolu d'établir sur le
théâtre français la musique représentative, ce qui
n'avait point été entrepris jusqu'à lui, ou ne l'avait
été qu'avec bien peu de succès; qu'il y avait si bien
réussi, que toute l'Europe en était encore aujourd'hui
dans l'admiration, et que les gens sans intérêt con-
venaient qu'il avait passé de bien loin tout ce qu'a
fait voir en ce genre la célébre mère des arts, la

[1] Ce fut Lulli qui remplit le rôle du Mufti dans la céré-
monie turque du Bourgeois gentilhomme, joué pour la première
fois à Chambord, devant le roi, le 14 octobre 1670. (Voyez la
Notice historique et littéraire sur le Bourgeois gentilhomme,
dans l'excellente édition de Molière, donnée par M. Auger,
tom. VIII, pag. 190.)

galante, l'ingénieuse Italie; qu'on avait peine à concevoir comment un même génie avait pu suffire à
tant de diversité, et par quel enchantement un même
auteur qui, pendant près de vingt ans, avait fourni
au public de nouveaux spectacles, était parvenu à
les caractériser tous de quelque façon particulière,
en sorte qu'il n'en était pas un qui ne contînt beaucoup de choses originales et qui ne se ressemblaient
point entre elles, non plus qu'à tout ce qu'on avait
ouï jusqu'alors; que le juste assemblage qu'il avait
su faire des agrémens de la musique, des beautés
de la peinture et de la perspective, de la magnificence et de la nouveauté des habits, de la propreté et de la variété des danses, était un chef-
d'œuvre qui ne laissait rien à désirer; que l'on sortait
toujours de ses opéras avec une nouvelle envie de
les revoir, et que le plus grand éloge que l'on en
pût faire, était de faire remarquer que vingt années
de représentation n'avaient pu refroidir cet empressement dans la cour la plus délicate, ni dans la ville
la plus polie de l'univers, et, qui plus est, la plus
avide de nouveautés.

Dès que Beaujoyeux eut fini, Anacréon, qui est
cette année le syndic des poètes défunts, s'avança au
premier rang, en s'appuyant sur un jeune garçon
nommé Bathyle qu'il aime fort; et bien qu'il fût à
moitié ivre, il ne laissa pas de demander, en bé-
gayant, la permission de parler. Après l'avoir obtenue,

il remontra avec beaucoup de grâce qu'il s'opposait,
pour le corps des poètes, à la louange que les musiciens prétendaient mériter au sujet des représentations en musique ; il soutint que c'était une injus-
tice criante de considérer comme le principal moteur
de ces grands spectacles, celui qui n'y avait droit,
tout au plus, que pour la cinquième partie ; que le
peintre qui ordonnait les décorations, le maître de
danse qui disposoit les ballets, et même le machi-
niste, ainsi que celui qui dessine les habits , en-
traient pour leur part dans la composition totale
d'un opéra, aussi bien que le musicien qui en composait les chants ; que le véritable auteur d'un opéra
était le poète ; qu'il était le nœud qui assemblait
toutes ces parties, et l'ame qui les faisait mouvoir ;
que l'invention du sujet produisait toutes ces beautés
différentes, selon qu'elle était plus ou moins fertile ;
que les événemens qu'elle faisait naître les attiraient
à leur suite par une heureuse nécessité, et que si la
musique avait de l'élévation et de la grandeur, si
elle exprimait d'une manière pathétique les mouve-
mens des passions, elle en avait la principale obligation à l'énergie des vers qui la conduisaient par la
main ; qu'à la vérité, la poésie recevait, par un secours
mutuel, quelques agrémens de la musique, mais
qu'il ne s'ensuivait pas que celle-ci dût lui être préfé-
rée ; qu'ainsi, quoiqu'il soit vrai de dire qu'une belle
personne reçoive quelque avantage de la façon galante

dont elle est coiffée, on serait pourtant ridicule de pré-
férer une jolie coiffure à un beau visage ; qu'il demeu-
rait d'accord que, dans l'autre monde, on n'avait pas
tout-à-fait décidé de cette manière, et qu'il semblait,
dans le fait particulier dont il s'agissait, qu'on eût
donné la préférence au musicien sur le poète, du moins
par l'inégalité des récompenses, puisque Lulli s'était
fait tout d'or dans une affaire où Quinault avait été
réduit à se contenter de quelques centaines de pis-
toles ; qu'enfin, c'était par là qu'il prétendait avoir
sujet de se plaindre au nom de tout son corps, et
de demander que, pour rendre justice aux poètes
on leur fît aux Champs-Élysées une part de gloire
(qui est ce qui fait vivre les morts) proportionnée
à celle que, dans l'autre monde, on avait faite au
musicien en argent (qui est ce qui fait subsister les
vivans). A cela Beaujoyeux voulut répliquer que
Lulli avait droit à l'immortalité par ces deux endroits,
qu'il avait été poète aussi bien que musicien, et qu'il
n'y avait, pour en être convaincu, qu'à jeter les yeux
sur les épîtres en vers adressées au roi, qu'il avait
mises à la tête de quelques-uns de ses opéras [1].
Cette proposition fut sifflée par toute l'assemblée, et
il s'éleva un éclat de risée générale qui déferra un
peu le panégyriste ; elle fut accrue par une scène de

---

[1] Lulli était incapable d'écrire lui-même ces dédicaces.
On sait que La Fontaine composa pour lui celles des opéras
d'Amadis et de Roland.

comédie italienne qui se passa dans ce moment, et qui réjouit beaucoup les spectateurs.

Dès qu'Anacréon s'était avancé, Lulli avait jeté les yeux sur Bathyle, son favori, et l'avait trouvé fort à son gré. Toute l'application qu'il devait à la discussion qui avait lieu devant le célèbre tribunal, et dans laquelle il ne s'agissait pas de moins, pour lui, que d'une obcurité ou d'une gloire immortelle, ne put l'emporter sur le naturel, ou plutôt sur la force d'une habitude invétérée. Il cherchait les yeux de Bathyle, il lui marchait sur le pied, il le tirait par la manche, il faisait briller à sa vue un diamant qu'il avait au doigt ; enfin, il s'avisa de lui présenter du tabac d'Espagne qu'il portait dans une boîte de Milan. Le jeune garçon négligeant le tabac, courut à la bague et voulut la tirer du doigt de Lulli ; le Florentin l'eût volontiers donnée, rien ne lui coûtait pour cela, mais il prétendait auparavant faire des conditions. Il fit donc quelques résistances, et dans ce conflit la boîte de tabac tomba par terre. Le bruit qu'elle fit en tombant obligea Anacréon de tourner la tête ; il comprit tout à la première vue ; il en rougit de colère, Bathyle en pâlit de peur, Lulli en baissa les yeux de honte, et Jean della Casa, poète italien, ainsi que Marc-Antoine Muret, poète et orateur français, ayant pénétré la fin de cette aventure, comme gens du métier qu'ils étaient, s'en mirent si fort à rire, qu'ils se firent remarquer de toute l'assemblée. La huée n'eût pas fini sitôt, si Proserpine, avec un signe de la main, n'eût majestueusement imposé silence aux ombres peu respectueuses.

Aussitôt que les flots de cette risée furent calmés, on vit paraître sur les rangs le sieur Perrin [1], ci-devant grand chansonnier de France, qui vint faire à la reine une remontrance très humble, dont la substance était que, bien loin d'accorder à Lulli l'immortalité, pour avoir établi sur le théâtre français les représentations en musique, il demandait qu'il fût sévèrement puni comme un voleur qu'il était des fatigues et de la réputation d'autrui; que toute la France savait la peine que lui, Perrin, s'était donnée pour enrichir sa nation de ce charmant spectacle, en étudiant pendant vingt ans le goût et les défauts des Italiens, en associant à ses desseins d'illustres machinistes et d'excellens musiciens, en élevant à ses frais et faisant subsister pendant plusieurs années un sérail complet de chantres et de chanteuses; ce qui lui avait si bien réussi, qu'il était

---

[1] C'est à Pierre Perrin que l'on doit l'introduction de l'opéra en France. Il avait obtenu, en 1669, des lettres-patentes pour l'établissement d'une académie de musique; mais en 1672, Lulli profitant de la division qui existait entre Perrin et ses associés, réussit, par le crédit de madame de Montespan, à obtenir du roi le privilége exclusif. Perrin, né à Lyon, n'était point ecclésiastique, quoiqu'il soit plus connu sous le nom d'abbé Perrin, et plus encore par les attaques dont Boileau le rendit l'objet.

en passe d'espérer toute la fortune où peut aspirer un homme de sa profession ; témoin la pastorale d'Issy [1], laquelle, bien qu'on ne pût la considérer que comme un essai cru et indigeste des grandes choses qu'il méditait, n'avait pas laissé de charmer tout Paris et ensuite toute la cour, dans les représentations que le cardinal Mazarin en avait voulu voir à Vincennes; témoin encore, mais témoin plus illustre, l'opéra de Pomone qui avait paru aux yeux de toute la terre comme un enchantement et comme le plus beau spectacle dont l'esprit humain ait jamais régalé les sens; que l'avidité de Lulli était venue lui arracher sa proie dans le temps qu'il la croyait infaillible, et que ce corsaire, abusant du crédit que lui donnait sa charge de surintendant de la musique du roi, avait eu l'adresse de persuader qu'il était le seul homme du royaume capable de soutenir la dignité des arts, et que c'en était fait en France du bon goût, si on ne l'abandonnait à sa conduite : opinion qui arracha ce privilége exclusif qui a coupé la gorge à tant de gens. Oui, oui! coupé la gorge, s'écria terriblement une ombre furieuse qui, fendant la presse, fut d'abord reconnue pour celle du pauvre Cambert, encore toute défigurée

[1] Le premier opéra français fut joué, en 1659, à Issy, dans la maison de campagne de M. de La Haye. Les paroles de cette *pastorale* étaient de Perrin, et Cambert en avait composé la musique. L'opéra de Pomone, des mêmes auteurs, fut joué à Paris en 1671.

des blessures dont il fut assassiné en Angleterre. Vous voyez, Madame, continua-t-il du même ton, où m'a réduit la tyrannie de Lulli; les applaudissemens que je recevais du public excitèrent son indignation, il voulut s'emparer des terres que j'avais défrichées, et me réduisit à la cruelle nécessité d'aller chercher du pain et de la gloire dans une cour étrangère, où l'envie a trouvé le moyen d'achever, en m'ôtant le jour, le crime qu'elle avait commencé en m'exilant de mon pays. Mais de quelque main que partent les coups qui m'ont privé de la vie, je ne les imputerai jamais qu'à Lulli, que je considère comme mon véritable assassin, et contre lequel je vous demande justice. Ce n'est pas pour moi seul, Madame, que j'implore votre équité, c'est au nom de tous ceux qui se sont distingués de son temps par quelque rare talent en musique, et qu'il n'a cessé de poursuivre par toute sorte de voies. Je vous atteste, ombres fameuses des illustres, qui avez eu le malheur de le trouver sur votre chemin, et dont la vertu fut si souvent opprimée par sa cabale; je t'atteste encore, quoique vivant, célèbre Lorenzain dont le mérite, connu de toute l'Europe, n'a servi qu'à blesser les yeux du jaloux Lulli, et qui aurais depuis long-temps occupé les premières places de ta profession, si tu ne les avais trop bien méritées.

Alors Molière s'avança, et après avoir fait à la reine une profonde révérence, il s'exprima en ces termes : Madame, si c'est une preuve de la faiblesse humaine que de faillir, il faut convenir qu'il y a quelque espèce de courage et de grandeur d'ame dans le libre aveu que l'on fait de ses fautes, et que si quelque chose est capable de les effacer, c'est la confusion salutaire dont on se couvre en les manifestant aux autres. Je viens, persuadé de ce principe, demeurer publiquement d'accord que j'ai failli comme un homme faible que j'étais, et mériter mon pardon par une confession authentique. Le bruit que faisaient dans le monde les opéras dont on vient de vous parler, excitèrent mes craintes et éveillèrent ma cupidité; j'appréhendai que cette nouveauté ne fît déserter mon théâtre, et je me persuadai que si je pouvais m'en rendre le maître, rien ne pourrait désormais me troubler dans la qualité que je prétendais m'attribuer d'arbitre des plaisirs et du bon goût dans le siècle galant où j'ai vécu. Comme j'avais besoin d'un musicien pour exécuter ce projet, je jetai les yeux sur Lulli et je lui communiquai ma pensée, persuadé que la liaison que nous avions depuis long-temps en concourant ensemble aux plaisirs du roi, et le succès merveilleux qu'avait eu depuis peu de temps le charmant spectacle de Psyché, où tous deux nous avions eu notre part de plaisir et de gloire, m'étaient des garans infaillibles de notre future intelligence. Je m'en ouvris donc à lui; il applaudit à mon dessein, il me promit une fidélité et même une subordination inviolable; nous fîmes nos conventions, nous réglâmes nos emplois et nos partages, et nous prîmes jour pour aller ensemble mettre la faux dans la moisson d'autrui, en demandant au roi le privilége de la représentation des opéras. Voilà ma faute, Madame, en voici la punition, punition anticipée qui, dès l'autre monde, en a effacé la plus grande partie. Je dormais tranquillement sur la foi de ce traité, quand Lulli, plus éveillé que moi, partit de la main deux jours avant celui dont nous étions convenus. Il alla demander au roi le privilége pour lui seul, il l'obtint à la faveur des belles couleurs qu'il sut donner à sa requête, et l'obtint même avec des conditions rigoureuses qui me donnèrent beaucoup à courir pour conserver pendant ma vie quelques ornemens à mon théâtre. J'ai cru devoir ce témoignage à la droiture de cœur du héros qui paraît en votre présence; jugez, Madame, de ce qui lui est dû, et prononcez un arrêt dont la postérité puisse tirer quelque fruit, en apprenant le sort qui attend, dans la seconde vie, ceux qui ont manqué de foi durant la première.

En cet endroit, Lulli qui n'avait point encore parlé, demanda à la reine la permission de lui faire un petit conte, et avec le talent qu'il avait pour ces sortes de narrations [1] : Madame, dit-il, autrefois le

---

[1] Homme long à conter, s'il en est un en France.
LA FONTAINE (le Florentin, satire contre Lulli).

cardinal Hippolyte de Médicis, dont la mémoire est encore en recommandation chez tous les gens d'esprit et de mérite qui en ont ouï parler, avait besoin d'un cuisinier. Un de ses amis, homme d'un petit génie, et, comme disent les Italiens, *di poco*, lui en présentait un qu'il voulait placer. Interrogé sur la capacité du personnage, il dit que c'était un garçon fort sage, qui ne manquait jamais, aux heures de son loisir, de fréquenter les lieux de dévotion. Cela est bon, dit le cardinal en souriant, mais je désire un cuisinier. — C'est le meilleur tireur au vol qui soit en Toscane. — Je veux un cuisinier, reprit le cardinal. — Il a bonne mine et fait honneur à son maître en se tenant bien proprement. — Je veux un cuisinier. — Il lit et écrit en perfection. — Je veux un cuisinier. — En cas d'affaire on pourrait compter sur lui, c'est un jeune homme qui a du cœur et que le péril ne ferait pas reculer. — Je veux un cuisinier. Enfin, à tous les éloges postiches que cet ami impertinent donnait à celui qu'il voulait produire, il ne tirait autre chose du cardinal que quelques sourires et *voglio un cuoco*, je veux un cuisinier, ce qui lui fit enfin comprendre le ridicule qu'il se donnait devant l'homme le plus éclairé de son temps. L'application de mon histoire est facile : on dit autant de mal de moi que l'on disait de bien au cardinal de son prétendu cuisinier : c'est un fourbe, c'est un ingrat, un scélérat achevé, c'est un voleur des fatigues d'autrui.

Voilà un fort vilain portrait, pour peu qu'il soit ressemblant; mais, par Cerbère et la triple Hécate, fût-il plus vilain mille fois, est-ce de tout cela qu'il s'agit? La question est de savoir si j'ai été musicien, si je l'ai été distingué, et si je puis à ce titre mériter les récompenses où j'aspire. Je vous prie donc, Madame, de me vouloir juger sur ce pied-là, sans entrer dans un détail où mes accusateurs auraient peut-être autant de peine que moi à trouver leur compte, si on les recherchait sur de pareilles matières.

Il est vrai, dit alors le bonhomme Orlando Lasso [1], que vous avez été un musicien fort distingué, si l'on se distingue en méprisant les bonnes règles. L'usage fréquent de la *septième* n'a jamais effrayé votre grand cœur, et jamais vous ne vous êtes servilement attaché à sauver, par la suite des accords parfaits, la dureté de ceux que vous avez souvent hasardés mal-à-propos. Pour moi, ajouta Vittorio de Spolette, je le trouve aussi fort distingué en mal par l'uniformité de son récitatif, qui est telle que l'on

---

[1] Roland Lassus, compositeur célèbre du 16.e siècle, était né à Mons. A son retour d'Italie, il se fit appeler Orlando Lasso. On trouve parmi ses œuvres un grand nombre de chansons de Marot et de Ronsard, qu'il a mises en musique. Lorenzain, Vittorio de Spolette et Luiggi furent aussi des musiciens distingués à la même époque; mais leur réputation ne s'étendit point aux siècles suivans. Il n'en est pas de même de Carissimi, de Venise, dont le style pur et savant peut encore servir de modèle dans les écoles de composition.

devine aisément la fin d'un récit, pour peu qu'on en ait ouï le commencement. Si l'on condamne ses ouvrages, interrompit Luiggi, je demande auparavant que l'on en sépare ce qu'il peut avoir pris des miens, afin que l'innocent ne soit point confondu dans la punition du coupable. Je ne suis pas de votre sentiment, dit alors Carissimi, et j'abandonne au bras séculier plusieurs de mes basses dont il a trouvé bon de s'emparer; aussi bien ne voudrais-je plus les reconnaître ni m'en servir après lui. Une confusion de voix succéda à tous ces reproches, la cabale des musiciens modernes s'éleva tout à la fois, et l'on n'entendit plus qu'une criaillerie confuse où l'on ne discernait que des injures; encore comprenait-on qu'un reste de respect pour la reine empêchait qu'on ne lui en débitât de plus atroces. Qui a jamais vu, dans une justice subalterne, des procureurs échauffés par la plaidoirie? On les entend, sur la fin, qui parlent tous en même temps; la tête leur tourne, les raisonnemens se convertissent en injures, le respect pour le juge *a quo*, affaibli par l'habitude de boire ensemble, est une digue impuissante pour arrêter le torrent de leur passion, et l'espoir d'être payé plus grassement de leur partie, si elle vient à gagner son procès, est la seule réflexion dont ils sont capables. Ainsi se gouvernaient, ou plutôt ne se gouvernaient plus, les musiciens ameutés contre Lulli. Cet insolent procédé révolta Proserpine; elle en fit paraître

son indignation par sa rougeur, et peu s'en fallut
qu'elle n'en cassât sa musique, comme font depuis
peu les chapitres affligés par la diminution de leurs
revenus. Enfin, s'étant remise, elle prit son parti
tout-à-coup et dit qu'elle ne voulait point prononcer
entre tant de personnes qui lui étaient chères, mais
que pour être réglées sur leurs différends, elle les
renvoyait pardevant le Bon-Goût. A peine eut-elle
fini de parler, qu'un grand rideau de damas noir,
semé de flammes en broderie or et couleur de feu,
descendit de la voûte du vestibule et déroba la reine
à nos yeux, avec toute sa brillante compagnie, de la
même manière que le rideau de l'opéra termine brus-
quement le spectacle. En même temps, un tourbillon
violent nous poussa tous au bas de l'escalier, et les
portes du temple se fermèrent d'elles-mêmes avec
fracas.

Cet événement toutefois ne fit perdre courage
à personne ; chacun crut que sa cause était gagnée,
puisque le Bon-Goût en devait être le juge, car c'est
une juridiction où il est peu de gens qui ne s'ima-
ginent d'avoir beaucoup d'accès. Nous nous ache-
minâmes donc tous du côté où nous crûmes qu'ha-
bitait le Bon-Goût, sans garder de rang ni d'ordre
dans notre marche, tant ceux qui avaient intérêt à
la décision de l'affaire, que ceux qui, comme moi,
étaient poussés simplement par la curiosité d'en connaître le succès.

Nous n'avions pas marché un quart d'heure, que
nous rencontrâmes un grand bois fort épais et fort
sombre. Il était percé d'une infinité de routes également
ment unies et spacieuses, qui se croisaient en tout
sens et formaient une espèce de labyrinthe très difficile. Nous apprîmes que c'était la forêt d'Ignorance,
habitée par des peuples grossiers et barbares qui tenaient plus de la bête que de l'homme. Nous hésitâmes
quelque temps, et tous ceux qui composaient notre
troupe s'arrêtèrent pour délibérer qui nous servirait
de guide dans un pas si difficile. Alors Louis de Gongora, poète espagnol [1], enfilant le premier chemin qui
se trouva sur sa gauche, nous dit hardiment de le suivre, et que les routes qui conduisaient au Bon-Goût
lui étaient aussi connues que les rues de Madrid.
Nous ne paraissions pas trop résolus à nous embarquer sur la foi d'un tel garant, lorsque don Diégo
Hurtado de Mendoça, autrefois grand d'Espagne,
et, ce qui le faisait le plus distinguer parmi nous,
auteur du fameux roman de Lazarille de Tormes,
nous dit avec un geste de mépris: Parbleu, Messieurs,
ce serait une grande sottise de croire que le prince
du style recherché ne sût pas où habite le Bon-Goût.
*Boto atal, señores, que seria muy lindo disparate à
no saber el principe del estilo culto adonde el Buen-
Gusto se aposenta.* Vous savez sans doute que ce

[1] Né à Cordoue en 1561, mort en 1627.

style que les Espagnols appellent *culto*, comme qui
dirait recherché et poli, est une enflure monstrueuse
de discours qui se résout entièrement en métaphores,
qui se subtilise en pensées, et qui s'embarrasse tellement de transpositions, qu'il en devient impéné-
trable même aux Espagnols naturels, et souvent aux
auteurs qui s'en sont servis [1]. Cependant Gongora,
dans le commencement de ce siècle, avait tellement
persuadé la cour de Philippe III que la divinité qui
préside à l'art des poètes demande du mystère dans les
moindres choses, et que son enthousiasme ne permet
pas que l'on s'explique naturellement, qu'il s'était
établi le chef de cette secte incompréhensible, dans
une nation qui donne aisément dans le merveilleux,
et qu'il avait fait croire à toute l'Espagne, où il a
encore des sectateurs, que pour avoir de l'esprit
il ne fallait pas être intelligible [2]. C'est d'après cela
que Mendoça, qui avait pris un peu de sa teinture
dans notre monde, trouvait fort ridicule que pour
arriver au Bon-Goût on ne s'abandonnât pas à la

[1] Le duc de Béjar, à qui Gongora dédia ses *Solitudes* (*Sole-
dades*), disait, en parcourant ce poëme, qu'il avait peine à
croire qu'il lût de l'espagnol.

[2] *L'estilo culto* était remarquable par l'obscurité, la bizarrerie des images, surtout par l'emploi des inversions et des
constructions hardies du grec et du latin. Ses partisans avaient
pris le nom de *cultoristes*. On assure qu'en France, et même
de nos jours, cette espèce de secte littéraire trouve encore des
prosélytes.

conduite de ce prince illustre du galimathias. Il suivit donc hardiment son garant, et fut imité en cela du soldat Garcilaso qui, en chantant une *redondille* de sa façon [1], se mit sur les pas des deux premiers, avec quantité d'autres auteurs de sa nation.

Le commandeur Annibal Caro [2], jugeant qu'ils allaient s'égarer, leur criait à pleine tête : Où allez-vous, Messieurs ? retournez à moi, je vous montrerai le chemin le plus court et le plus sûr. *Dóve andate, signori ? tornate in quà, che cercate maria per Ravenna* [3]. *Fidatevi di me, io vi mostrerò la strada regia, la sicura, l'abbreviata.* Dire cela, et enfiler un autre chemin, ce ne fut pour lui que la même chose. Le crédit qu'il avait parmi les gens de sa langue en entraîna quelques-uns après lui ; les modernes suivirent presque tous ; mais quand ils virent le Chiabrera engagé dans la même route, ils se dirent l'un à l'autre qu'il n'était pas possible qu'un prêtre à bref apostolique fût capable d'errer dans le choix du bon chemin, et soutenant que l'opinion contraire

[1] Ce sont de petits rondeaux de cinq vers où Garcilaso a excellé. (*Note de Sénecé.*)

[2] Poète italien du 16.e siècle, auteur d'une traduction de l'Énéide, en vers libres et non rimés.

[3] *Maria per Ravenna* est un proverbe qui signifie chercher les choses où elles ne sont pas : la mer à Ravenne. Nous dirions en français : prendre Paris pour Corbeil, ou chercher midi à quatorze heures.

était pour le moins une hérésie, ils marchèrent gaiment sur les pas de leurs conducteurs.

Peut-être avez-vous ouï dire que ce Chiabrera était un poète de Savonne qui vivait il n'y a pas vingt ans [1], et auquel le pape Alexandre VII, qui était poète comme lui, soit par une sympathie secrète, soit par une véritable estime pour le mérite qu'il lui trouvait, écrivit un bref authentique pour le féliciter sur la beauté de ses vers et la fécondité de son génie : honneur extraordinaire pour les muses, dont elles n'avaient point goûté jusqu'alors, et qui faisait croire pieusement au reste des poètes ultra-montains, que c'était matière d'inquisition de douter que le Chiabrera fût infaillible.

Cela n'empêcha point qu'une cabale de versificateurs allemands, sous la conduite de Conrad Celtès [2], ne prît encore un chemin tout différent des deux autres. Ce Celtès portait sur la tête une couronne d'or émaillée de vert et ciselée en feuilles de laurier, dont il avait été couronné des propres mains de l'empereur Frédéric III, qui, le premier d'entre les Césars, avait trouvé la noble invention de couronner des sottises. Plusieurs de ses confrères, coiffés comme lui par la libéralité de quelques autres empereurs du même

[1] Il mourut en 1637.

[2] Son véritable nom était *Meissel*, mot allemand qui signifie burin, ciseau, et dont *Celtes* est la traduction latine. Celtès naquit au milieu du 15.e siècle, et mourut en 1508.

goût, le suivaient avec une gravité risible. Le vulgaire des poètes de la même nation s'engagea sur leurs pas en nous appelant à haute voix et témoignant sa surprise, en latin gothique, de ce que nous hésitions, lorsqu'il s'agissait de trouver le Bon-Goût, de suivre les traces de poètes couronnés qui l'avaient si bien établi dans les cours du septentrion, et qui le faisaient encore régner, ainsi que les grâces et les jeux, dans tous les poëmes de l'Allemagne.

Nous avons appris depuis, que les Espagnols s'enfoncèrent dans un taillis tout hérissé de ronces et d'épines dont les pointes les déchirèrent impitoyablement, et d'où ils se tirèrent dans un état à n'être plus reconnaissables. Les Italiens rencontrèrent dans leur chemin une montagne qui semblait devoir les conduire jusqu'au ciel. D'abord, ils n'espérèrent pas moins que de prendre avec la main la lune et les étoiles, et d'établir dans le soleil même le trône éclatant de leur gloire; mais quand il fut question de redescendre, ils ne reconnurent plus ni voie, ni sentier; ce n'était que rochers escarpés, que précipices impraticables, et le moins maltraité de la troupe en fut à peine quitte pour se froisser quelques côtes dans des chutes inévitables. Les Allemands eurent un sort bien différent; ces bonnes gens allèrent s'engager dans des lieux bas et marécageux où ils s'embourbèrent si profondément, qu'ils furent contraints d'y passer la nuit à faire concert avec les grenouilles.

Peut-être n'en seraient-ils pas encore dehors, si quelques savans de leur nation, qui passaient par là bien montés, ne les en eussent tirés par les cheveux. Ce qu'il y eut de singulier dans cette aventure, c'est que le lendemain, tous ces gens-là soutinrent hautement qu'ils avaient trouvé le Bon-Goût, et qu'on ne pouvoit le rencontrer que par le chemin qu'ils avaient tenu; ils en faisaient même des descriptions à leur manière, et le peignaient, non-seulement fort différent de l'idée qu'en ont ceux qui l'ont vu de près, mais encore ils ne pouvaient s'accorder ensemble et multipliaient à l'infini des portraits ridicules, dissemblables entre eux, et encore plus dissemblables à l'original.

Mais, pour revenir au gros de notre troupe qui avait fait ferme, et n'avait pas voulu suivre ces détachemens d'enfans perdus, nous tînmes sur-le-champ une espèce de conseil pour délibérer qui serait notre guide dans un chemin si difficile. Notre résolution fut bientôt prise, et l'opinion de Catulle, qui parla des premiers, fut qu'on devait prier Virgile de nous guider, parce que jamais aucun homme n'avait connu si bien que lui les routes qui conduisent au Bon-Goût avec sûreté. Cet avis fut applaudi de toute la troupe; on appela Virgile de toutes parts, et un murmure confus d'éloges et d'acclamations lui fit entendre que nous nous en remettions à lui du soin de notre conduite. Virgile s'avança modestement, et

après nous avoir remerciés de la bonne opinion que
nous avions de lui, il nous dit que, puisque nous
lui faisions l'honneur de nous abandonner à ses con-
seils, il mettrait toute son industrie à nous bien
guider; qu'il ne savait pas si ce qu'on appelait le bon-
goût dans son siècle serait le même aujourd'hui, mais
qu'il y avait beaucoup d'apparence, parce que le
bon-goût n'était autre chose qu'une certaine conformité avec la belle nature et la droite raison qui n'a-
vaient jamais changé, et qui ne dépendaient ni de
la diversité des temps et des lieux, ni de la diffé-
rence des mœurs et des nations; que d'ailleurs, jamais
siècle n'avait ressemblé à celui d'Auguste comme le
siècle d'à-présent, tant pour avoir produit un prince
dont le mérite, la valeur et la bonne fortune attirent
les yeux de toute la terre, que pour avoir atteint le
plus haut point de perfection et de délicatesse auquel
l'esprit humain puisse pousser ses connaissances. La
principale difficulté, ajouta-t-il, est de sortir de ce
labyrinthe que nous avons devant les yeux; mais j'es-
père y réussir. A son issue, se rencontre le pays
qu'habite le Bon-Goût et qu'on appelle les Plaines-
Allégoriques. C'est un pays assez inégal, très froid
en quelques endroits, couvert et scabreux en quelques
autres; la diversité du paysage en est assez divertis-
sante; certains quartiers paraissent heureusement
cultivés, variés très agréablement et tempérés à sou-
hait. C'est là que certains Grecs, nommés Cébès et

Philostrate, ont autrefois établi leurs colonies, que Lucien et Apulée ont depuis embelli de divers ornemens. Le jurisconsulte Alciat, long-temps après eux, y a bâti d'assez agréables habitations, auprès desquelles l'académicien Gomberville s'est placé de nos jours avec succès. Les endroits où se sont établis les italiens Boccalini et Palavicino ont un air assez riant; et, dans la même plage, deux Français, nommés Guéret et Furetière, ont acquis deux maisons de plaisance parfaitement bien entendues, où, selon toutes les apparences, ils prétendent habiter quand ils viendront se retirer parmi nous [1]. A l'entrée du pays s'élèvent deux montagnes fort hautes, mais d'une hauteur inégale, sur chacune desquelles est bâtie une belle ville. La montagne que l'on trouve à droite est la plus élevée ; la ville qu'elle porte sur sa croupe se nomme Invention; elle est superbe en tours et en édifices dont la structure paraît merveilleuse ; mais ce qui la rend plus remarquable et la distingue de toutes les cités qui se voient ailleurs, c'est un châ-

[1] Sénecé met ici dans la bouche de Virgile, un langage qui n'est que l'expression de son admiration personnelle pour quelques écrivains. Alciat, Guéret et Furetière, aussi bien que Boccalini et Palavicino sont dignes sans doute de figurer avec honneur dans les *Plaines Allégoriques*; mais on peut s'étonner qu'à l'époque la plus glorieuse du siècle de Louis XIV, des noms plus illustres ne se soient pas pressés sous la plume de l'auteur, pour former le cortége du prince du Bon-Goût.

teau qui commande toute la ville et que l'on nomme
Bel-Esprit (1). Il brille d'une lumière éblouissante
comme s'il était d'un seul diamant; son éclat n'est
pourtant point sa plus belle qualité, car il échauffe,
il anime, il vivifie; en un mot, il est comme le soleil
du climat où il est situé. De l'autre côté, sur la montagne la moins élevée, on voit une autre ville qui
s'appelle Imitation, et qui paraîtrait aussi fort belle,
si elle n'était effacée par sa voisine que l'on reconnaît
pour l'original, et à laquelle cette dernière ressemble
beaucoup. Les deux montagnes ne sont séparées que
par un vallon fort étroit dont l'ouverture est entièrement occupée par un grand fleuve qu'on appelle
Imagination. Il est extrêmement rapide, fort agité et
très écumeux; il roule beaucoup de sable et de gra-
vier mêlé avec ses flots, et jamais il n'est assez calme
pour qu'on puisse en voir le fond. Tous les matins,
la lumière qui part du château dont nous avons
parlé, frappant sur les ondes agitées du fleuve, en
élève, par une vertu occulte, des brouillards épais

---

1 Ce mot que, de nos jours on remplacerait, dans la même
acception, par celui de *Génie*, ne s'entendait point alors dans
un sens défavorable; c'est ainsi que Boileau a dit :

O vous donc qui, brûlant d'une ardeur périlleuse,
Courez du *bel-esprit* la carrière épineuse....

Le *bel-esprit*, suivant le père Bouhours, « est un esprit qui a
du brillant et du solide dans un égal degré; c'est un juste tem-
pérament de la vivacité et du bon sens. »

qui entourent le sommet des deux montagnes et viennent se résoudre en une rosée qui tombe avec abondance sur les deux villes. Les peuples qui les habitent sont fort bizarres; la plupart paraissent sous une figure extraordinaire; on y voit des harpies, des sphinx, des chimères; la figure humaine, dans quelques-uns, est associée à celle des bêtes; les satyres et les centaures y sont communs; les animaux moitié femmes et moitié poissons y fourmillent. Vous diriez que c'est là qu'Ovide prenait ses modèles quand il composait ses métamorphoses; en un mot, on y peut remarquer tout ce que la poésie et la peinture ont jamais imaginé de plus extravagant. Il y a un endroit de la ville d'Invention qui se nomme le quartier des Romans; tous les hommes y sont faits à peindre; on ne peut rien concevoir d'égal à leur bon air, ni à leur mine relevée, comme rien n'approche de la régularité des traits de leurs maîtresses; mais ce qui est embarrassant, c'est qu'ils se ressemblent tous si fort, que le père et la mère qui les ont mis au monde auraient peine à les discerner l'un de l'autre. A dire vrai, ces peuples n'ont pas la vie fort longue, et la plus grande partie meurent dès le moment de leur naissance; ceux qui sont un peu plus robustes sont assujettis à aller se faire approuver par le Bon-Goût, sans quoi la lumière leur est interdite. A cet effet, on les voit descendre par troupe de leurs montagnes et se précipiter dans le fleuve qui, après être sorti des détroits où il a pris naissance, s'étend plus tranquille dans la plaine, et va baigner les murs du palais qu'habite le Bon-Goût. La plupart de ces malheureux avortons n'ont ni force, ni adresse; en un instant ils sont engloutis dans les flots de ce fleuve peu praticable, et trouvent leur sépulture au lieu même de leur origine. Quelques autres, plus industrieux, se fabriquent à la hâte, avec du jonc ou quelque autre matière de pareille solidité, de petits bateaux couverts qu'ils appellent des Métaphores, mais que le poids de leur charge fait souvent enfoncer. Si par hazard il en échappe quelques-uns, ils ne sont pas pour cela hors d'affaire, car à deux lieues de là on rencontre une forteresse appelée le Péage des Critiques, où l'on exerce avec beaucoup de rigueur les droits qui sont dus au Bon-Goût. Ceux qui ne peuvent les payer sont coulés à fond, sans miséricorde, par des barques armées qui sortent du port et croisent continuellement le fleuve; de sorte qu'entre mille qui s'embarquent sur l'Imagination, à peine s'en trouve-t-il un seul qui puisse se sauver [1].

Virgile nous contait tout cela chemin faisant, et

---

[1] On ne saurait s'empêcher de croire que Voltaire a puisé dans cette allégorie la première idée de son Temple du Goût. Il serait facile d'établir entre ces deux morceaux de nombreux rapprochemens; nous aimons mieux les abandonner à la sagacité du lecteur.

nous l'écoutions avec une attention qui charmait l'ennui du voyage. Nous arrivâmes insensiblement au pied des montagnes dont il nous avait parlé; nous y remarquâmes toutes choses comme il nous les avait dépeintes, et nous fûmes fort surpris, quoique nous y fussions préparés, de voir toutes les figures extravagantes qui descendaient de ces montagnes. Les bords du fleuve sont si fort escarpés, qu'il est impossible de se frayer un sentier sur le rivage; il fallut donc nous embarquer, et nous trouvâmes un assez bon bâtiment, à la faveur de notre guide, qui avait de fort bonnes connaissances dans ces parages.

A peine fûmes-nous embarqués sur l'Imagination, que chacun de nous se sentit ému d'une chaleur inquiète et surnaturelle. Les uns prophétisaient ou se mêlaient tout au moins d'interpréter les plus obscures prophéties; d'autres faisaient des vers dignes du temps de la splendeur d'Athènes ou du bon siècle de Rome; on en voyait qui débitaient de nouveaux systèmes du monde et faisaient tourner sur le bout du doigt tous les globes de l'univers; d'autres épluchaient la nature en cartésiens, ou commentaient les atomes de Démocrite. Lulli lui-même, que nous oublions depuis trop long-temps, ayant pris son violon, en tirait des accords qui nous enlevaient. Jamais il n'avait été ému d'un si beau feu, pas même lorsque, retiré dans sa maison de campagne pour composer

quelque opéra nouveau, il excitait son génie par
l'idée brillante de l'or que ses portiers allaient recevoir. Au milieu de cet enthousiasme dont aucun
de nous n'était exempt, nous arrivâmes au Péage des
Critiques, où jamais on n'avait fait si bonne garde.
Quatre galères bien équipées occupaient presque
toute la largeur du fleuve et ne laissaient rien passer
sans l'avoir examiné avec la dernière rigueur. Leur
chiourme était composée de plagiaires que l'on avait
mis à la chaîne et qui ramaient avec quelques pédans
bonnes voglies, que la faim et la misère avaient ré-
duits à ce pénible métier. Ces bâtimens étaient montés
chacun de cent soldats, tous bons critiques, gens de
main et d'exécution, suisses et allemands pour la
plupart. Les quatre capitaines, pour lors de garde,
étaient Jules Scaliger et Gérard Vossius, qui occupaient le milieu et le plus profond du fleuve, avec
Isaac Casaubon et Adrien Turnèbe, qui se tenaient
sur les ailes et qui, s'acquittant de leur charge avec
plus d'humanité, laissaient toujours échapper quelques malheureuses Métaphores; mais elles n'en étaient
pas quittes pour cela, car à une portée de mousquet
de la première garde, dans un endroit où le fleuve
se rétrécissait, était postée une autre escadre de trois
barques commandées par l'allemand Scioppius, le
français Saumaise et l'italien Castelvetro, gens sans
quartier et sans miséricorde, qui ne faisaient grâce
qu'au vrai mérite; en sorte qu'on ne voyait autour

d'eux que petits bâteaux renversés et que cadavres
flottans [1].

Dès que nous fûmes à portée de la voix, on nous
demanda d'où venait notre barque et qui la com-
mandait. Nous répondîmes que nous venions des
Champs-Elysiens, et que notre commandant s'appelait
Virgile. Ce nom respecté des critiques nous fut un
passe-port suffisant; ils nous saluèrent de toute leur
artillerie, ils s'ouvrirent pour nous laisser le passage
libre, et ne nous demandèrent rien de plus. Quand
nous vînmes à la seconde garde, nous rencontrâmes

---

[1] Si le goût n'a rien à redouter « de la diversité des temps
et des lieux », les jugemens des gens de lettres dépendent souvent de la tournure particulière de leur esprit et de la direc-
tion qu'ils ont donnée à leurs études. Voltaire, au nombre des
obstacles qu'il trouve sur le chemin du Temple du Goût, se
plaint de rencontrer les Scioppius, les Scaliger, les Saumaise,

> Gens hérissés de savantes fadaises,
> Le teint jauni, les yeux rouges et secs,
> Le dos courbé sous un tas d'auteurs grecs,
> Tout noircis d'encre et coiffés de poussière.

Il oubliait sans doute les services qu'avaient rendus les philo-
logues, à une époque où la littérature moderne préparait son
essor par une sévère étude de l'antiquité, et où les traits d'une
critique légère se fussent vainement émoussés contre de graves
et savans travaux.

Louis Castelvetro, né à Modène en 1505, avait dans sa critique une sévérité qui lui fit beaucoup d'ennemis. Son meilleur
ouvrage, l'Exposition de la Poétique d'Aristote, faillit à être
la proie des flammes pendant un séjour que l'auteur fit à Lyon.

quelque ombre de difficulté. Certains esprits bourrus tels qu'étaient Macrobe et Favorin parmi les anciens, et Gallucci ou le jeune Duverdier dans les nouvelles troupes, soutinrent qu'il fallait examiner Virgile à la rigueur et comme le moindre des passagers; qu'il était homme à se charger comme un autre de marchandises de contrebande; qu'il avait été un insigne plagiaire, ayant pillé son second livre presque mot à mot d'un ancien poète nommé Pisandre, et la plus grande partie des autres n'étant que des lambeaux d'Homère, recousus ensemble; qu'il avait erré considérablement en astronomie, en géographie et dans la connaissance de la nature; qu'il avait fait des anachronismes insoutenables, témoin Didon qu'il faisait plus vieille de trois cents ans, pour la faire rencontrer avec Énée; que, non content d'avoir ôté la jeunesse à cette belle reine, il lui ôtait encore injustement la pudeur, personne, avant lui, n'ayant parlé de Didon que comme de la personne de son temps la plus chaste et la plus fidèle aux mânes de son époux; qu'ainsi, par un double attentat, et pour flatter lâchement les Romains dans l'auteur prétendu de leur race, il lui ravissait à la fois les deux qualités les plus estimées chez le beau sexe: la jeunesse et la chasteté. Cependant tout cela ne fut dit qu'à demi-voix et en murmurant; les généraux n'y eurent aucun égard et nous passâmes sans difficulté; seulement quand nous fûmes devant la galère

de Castelvetro, il jeta les yeux sur **Lulli** et s'écria :
Quel est ce nouveau visage que je ne connais point?
il a la mine d'un grand fripon ; de quelle nation était-
il, et dans quelle religion a-t-il vécu? Alors Machia-
vel, qui était avec nous, prenant la parole : Oh! pour
la religion, Monsieur l'Inspecteur, n'en soyez pas
en peine, dit-il, c'est moi qui vous en réponds; **il**
était de la religion de Florence, religion belle et
bonne dont j'ai l'honneur d'être le patriarche, et
dans laquelle j'ai vu et vois encore aujourd'hui des
princes, des rois et des souverains pontifes. La divinité qu'on y respecte le plus s'appelle Intérêt, et
il n'est pas de victimes, quelque sacrées qu'elles soient,
qu'on ne lui immole chaque jour. — Vas, vas, homme de bien, répondit Castelvetro, je te connais; je
voudrais qu'il n'y eût dans ton bateau que des gens
de ta secte, je vous aurais bientôt coulés à fond, et
vengé l'univers des désordres que lui ont apportés
vos maximes pernicieuses. Si tu veux me croire, tu
ne te feras connaître que le moins que tu pourras;
on n'est pas toujours d'humeur à avoir des égards,
et peut-être..... La rapidité du fleuve qui nous em-
portait nous fit perdre le reste de ce discours me-
naçant, et nous gagnâmes toujours pays.

Enfin, après avoir traversé plusieurs charmantes
plaines que le fleuve partageait, nous arrivâmes, en
côtoyant les bois les plus agréables qu'il soit possible
de voir, à la vue d'un superbe palais que Virgile

nous dit être celui du Bon-Goût. Bien qu'il y eût de la grandeur dans le dessin de l'édifice, le bel ordre et la proportion de ses parties étaient ce qui frappait le plus. Un certain air de propreté qui régnait dans toute l'ordonnance du bâtiment, riait aux yeux et remplissait agréablement l'idée [1]. J'en avais autrefois approché, mais jamais d'aussi près que dans cette occasion, et je vous avoue que j'en fus charmé. Après avoir mis pied à terre, nous entrâmes dans le vestibule du château dont l'accès est libre à tous ceux qui peuvent arriver jusque-là. Le docte Varron, que nous rencontrâmes dans la première salle, prit soin de nous introduire dans le cabinet du prince, qui nous parut de fort bonne mine et très bien mis, sans dorure et sans broderie, d'une manière simple, mais commode. Il était appuyé d'un côté sur la Vérité et de l'autre sur la Raison, que je reconnus aisément pour les avoir vues ailleurs. Ces deux beautés tenaient chacune en main un éventail, avec lequel elles chassaient continuellement de grosses mouches de toutes couleurs qui cherchaient à piquer le Bon-

---

[1] Simple en était la noble architecture;
Chaque ornement, à sa place arrêté,
Y semblait mis par la nécessité :
L'art s'y cachait sous l'air de la nature,
L'œil satisfait embrassait sa structure,
Jamais surpris, et toujours enchanté.

(VOLTAIRE, le Temple du Goût.)

Goût, et attaquaient principalement ses yeux, qui étaient vifs, perçans, et à la pénétration desquels rien ne pouvait échapper. Le bon seigneur avait à ses pieds deux jeunes enfans qui jouaient avec lui et qui, le tirant par ses habits, essayaient d'attirer ses regards et de le faire pencher de leur côté. L'un d'eux était un petit garçon toujours inquiet, toujours en mouvement, qui changeait de couleur comme un caméléon, et bien qu'il parût assez doux, montrait néanmoins, au travers de cette apparence, quelque chose d'impérieux qui faisait juger qu'il était volontaire. L'autre était une petite fille aussi fixe et constante que son camarade paraissait volage, mais dont la physionomie n'annonçait pas une humeur moins absolue ni moins tyrannique. Le Bon-Goût se défendait de leur importunité et conservait sa gravité autant qu'il lui était possible; mais il les repoussait mollement avec un sourire qui manifestait le penchant de son cœur, et donnait à connaître l'inclination violente qui l'entraînait vers eux. Je demandai à Catulle ce que signifiait tout ce mystère. Il me dit en peu de mots que ce petit garçon, si changeant et si inquiet, se nommait l'Usage, et que la petite fille, si grave et si fixe, s'appelait l'Habitude; que l'un et l'autre travaillaient fort le Bon-Goût pour l'attirer à eux, et que si quelque chose pouvait rompre l'équilibre exact qu'il garde dans ses jugemens, c'était la tendresse qui le faisait pencher de leur côté

4

et l'engageait dans leurs intérêts. A l'égard des mouches importunes qui essayaient de lui crever les yeux, et dont la Raison et la Vérité le défendaient avec tant de soin, il m'apprit qu'on les nommait les Préjugés ; qu'il y en avait de nations et de coutumes, de religions et de cabales ; que certains Préjugés naissaient de l'admiration que l'on a pour la fabuleuse antiquité ; que d'autres venaient des erreurs populaires qu'on recevait avec le lait ; qu'il s'en formait du respect aveugle que l'on a pour la qualité ou la profession de certaines gens ; enfin, qu'il en était d'une infinité d'espèces, toutes ennemies du Bon-Goût, et qui le rendraient infailliblement aveugle, sans les efforts infatigables de la Raison et de la Vérité.

Pendant que Catulle m'expliquait toutes ces choses, le fidèle Beaujoyeux, paranymphe de Lulli, avait exposé au prince le sujet de notre visite, et l'avait prié, en conséquence du renvoi qui lui en avait été fait par Proserpine, de vouloir bien décider s'il méritait un rang considérable parmi les illustres de son temps, par ses compositions en musique. Les adversaires de Lulli voulurent alors prendre la parole et plaider leur cause dans toutes les formes ; mais la Raison leur imposa silence, et leur dit que les formes contentieuses des tribunaux de justice n'étaient non plus de l'usage du Bon-Goût que de celui du Divan ; qu'il fallait aller au fait, et que puisqu'il était question de la musique de Lulli, il fallait en entendre quelque chose pour juger si elle était aussi bonne qu'on le prétendait. La faction des Lullistes fut ravie de cette proposition. On apporta un bureau sur lequel étaient rangés en deux piles tous les opéras de Lulli. Celui qui tomba le premier sous la main du Bon-Goût fut l'opéra d'Athys, et il l'ouvrit à l'endroit de la descente de Cybèle. La symphonie en fut exécutée avec beaucoup de justesse, et l'on connut, sur le visage du juge, qu'elle ne lui plaisait pas médiocrement. Cependant, comme le Bon-Goût n'a pas coutume de se régler sur une seule expérience, il voulut entendre quelque autre morceau de cet opéra. Il ouvrit de nouveau le livre, et fort heureusement pour Lulli, ce fut à l'endroit du Sommeil.

Tandis qu'on le jouait, le prince s'endormit; mais ayant été sur la fin éveillé par la Raison, il prononça en baillant que Lulli était un excellent musicien. La Raison interprêta cet arrêt en peu de mots, et dit que la marque la plus certaine de la bonté d'une expression était de produire l'effet pour lequel elle est employée, et que, d'après ce principe, une symphonie faite pour exprimer le sommeil, ne pouvait manquer d'être excellente lorsqu'elle engageait à dormir. Ainsi l'on vit, pour la première fois, un jugement équitable rendu par un juge endormi. Après cela, toute notre troupe se sépara; Lulli, suivi de ses amis, se retira fort content, en dansant devant son juge cette célèbre pantalonnade du Muphti, dont il avait jadis si fort réjoui la cour à Chambord. Depuis, nous avons appris que, par ordre de Proserpine, on a fait ériger en son honneur un obélisque dont le piédestal est un trophée composé d'instrumens, de livres de musique, de masques, de ballets et d'autres ornemens semblables. L'inscription contient ces paroles:

A LA MÉMOIRE HARMONIQUE

DU SOCRATIQUE MUSICIEN

JEAN-BAPTISTE LULLI, DE FLORENCE,

L'ARION, L'ORPHÉE, L'AMPHION

DU SIÈCLE DE LOUIS-LE-GRAND.

COMME ARION,

IL SUT ACQUÉRIR LA FAVEUR DES ROIS;

COMME ORPHÉE,

IL ATTIRA PAR LA DOUCEUR DE SES CHANTS

LES HOMMES ET LES BÊTES.

PLUS HABILE QU'AMPHION,

QUI N'ASSEMBLAIT QUE DES PIERRES PAR SES ACCORDS,

IL SUT FAIRE PAR LES SIENS

UN RICHE AMAS DES PLUS PRÉCIEUX MÉTAUX.

PASSANT, QUI LIS SES FAITS MÉLODIEUX,

CHANTE OU DANSE A SON HONNEUR;

AINSI PUISSES-TU, COMME LUI,

FAIRE FORTUNE EN CHANTANT ET EN DANSANT![1]

M. B. B. M.

[1] « Cette inscription prouve qu'on peut en faire de très « bonnes en français. »

DREUX DU RADIER. Récréat. histor., tom. 2.

Je crois que vous devez être content de ma relation; elle est assez ample, et peut-être trop pour un
commencement de correspondance. Il me reste à
lever quelques scrupules que vous pourriez avoir;
et premièrement, vous serez sans doute étonné de
me voir parler le français de votre temps, moi qui
écrivis dans un style gaulois qui n'est presque plus
entendu, et qu'à cause de cela, le sieur Maimbourg
accuse d'avoir un caractère burlesque dans tous mes
ouvrages. J'ai été suffisamment défendu de cet impertinent reproche; mais je vous dirai que le beau
français est maintenant à la mode dans les Champs-
Elysiens, comme dans une belle petite cour d'Allemagne. Il n'est plus parmi nous de bel esprit, de
Grec ni de Romain qui ne se pique de le parler, tant
les belles actions de nos Français, sous cet illustre
règne, ont inspiré d'amour et d'admiration pour la
nation dominante. Si l'argent avait cours en ce pays,
vos derniers venus pourraient faire une fortune considérable en s'établissant maîtres de langues. Ils trouvent des écoliers tant qu'ils en veulent, et en font
chaque jour de fort bons. D'Ablancourt a fort bien
appris à parler français à Lucien et à Tacite; Lu-
cain fait d'excellens vers en notre langue, sous la
conduite de Brébeuf; Vaugelas a parfaitement réussi
dans le soin qu'il s'est donné d'instruire Quinte-Curce.
Il fallait néanmoins que son écolier eût la tête un
peu dure, car il a employé près de trente ans à le

rendre congru. Du Ryer a fait des élèves passables
de Polybe, d'Hérodote et de quelques autres; mais
la plupart des poètes latins que Marolles avait entrepris, ont si mal réussi entre ses mains, qu'ils ne
savent plus ni leur langue, ni la nôtre. Il faut que
ce soit par mépris ou par négligence, car pour de
l'esprit, chacun sait qu'ils n'en manquent pas; aussi
leur pédagogue en a conçu tant d'indignation, qu'il
les a presque tous estropiés à force de les maltraiter.
Les Français mêmes de la vieille cour ne dédaignent
pas d'apprendre les finesses de la langue du jour;
quelques morts récemment arrivés ici, et Voiture,
en badinant avec nous dans notre vieux langage,
nous ont appris familièrement les plus jolies choses
du monde. Il n'y a que le bon homme Amyot qui
ne veut point se renouveler; Rabelais, Plutarque
et lui se sont ligués ensemble pour conserver leur
vieux gaulois; et messire Honoré d'Urfé, qui est
entré dans cette ligue, prétend qu'on ne peut faire
parler ses bergers autrement qu'il a fait, sans leur
ôter la moitié de leur esprit et de leur agrément.
Pour moi qui suis plus souple, et qu'un reste d'esprit
de cour tient toujours favorablement disposé pour
les choses nouvelles, je me suis assujetti, comme
vous voyez, à l'agréable nécessité de parler comme
on fait aujourd'hui.

Je n'ai plus qu'un mot à vous dire sur la matière
avec laquelle je vous écris. Je sais que la trace du

phosphore que l'on a inventé dans votre monde, ne dure sur le papier que deux heures au plus, et j'estime que vous serez étonné de voir les caractères lumineux que j'ai tracés dans cette lettre, briller encore de tout leur éclat après être venus de si loin. Mais vous saurez que la composition dont je me sers doit avoir bien plus d'effet que la vôtre : c'est la quintessence des matières sulfurées et bitumineuses qui forment les flammes éternelles du Phlégéton, et qui font bouillir ici-bas un million de chaudières : en un mot, c'est un phosphore de tous les diables. Adieu, portez-vous bien, et quoique nous jouissions ici d'une tranquillité parfaite, tout agité, tout persécuté que vous êtes, venez nous voir le plus tard que vous pourrez. Faites moi savoir quelquefois de vos nouvelles, et croyez moi, sur votre chapitre, le plus fidèle des trépassés,

CLÉMENT MAROT.

Eh bien ! mon cher, qu'en dites-vous ? Me trouvez-vous homme de parole, et sais-je me venger de votre silence par mon babil ? Vous en êtes quitte, cette fois, pour la demi-main de papier ; mais si vous y retournez, par ma foi, je n'en rabattrai rien, et vous en serez pour la main tout entière. Vous vous imaginez sans doute, en lisant toutes ces bagatelles, que je suis un homme fort content et d'un loisir extraordinaire; rien moins que cela : depuis deux ans, je n'ai pas eu huit jours de santé de suite; mille affaires fâcheuses et autant de chagrins domestiques tiennent en haleine le peu qui m'est échu en partage de fermeté et de constance, et, sans vanité, il ne tiendrait qu'à moi d'être le plus chagrin des hommes, sans que l'on pût y trouver à redire. Cependant, s'il me reste quelque douceur dans la vie, c'est le souvenir de l'amitié que vous avez eue pour moi, et l'opinion que j'ai que vous jouissez d'une destinée meilleur que la mienne. Apprenez-m'en quelque chose, je vous en conjure, et songez que vous seriez le plus cruel des hommes, si vous refusiez de rendre heureux, du moins par la participation de votre félicité, l'homme du monde qui s'y intéresse le plus.

La lettre de Clément Marot à M. de ***, touchant l'arrivée de J.-B. Lulli aux Champs-Elysées, parut à Cologne en 1688. La transparence de l'anonyme dont l'auteur s'était couvert, permit facilement d'y reconnaître M. de Sénecé, ancien valet de chambre de la reine Marie-Thérèse, retiré à Mâcon, sa patrie, depuis la mort de cette princesse. Cet opuscule fut lu dans le temps avec avidité, et bien qu'un intervalle de plus d'un siècle ait fait disparaître l'intérêt local des principaux traits qu'il renferme, il se fait lire encore avec ce charme qui résulte toujours de la finesse des pensées, unie à la naïveté et à la grâce du style.

Appelé, par ses fonctions auprès de la reine, à prendre part aux fêtes que Louis XIV donnait dans les grands appartemens de Versailles, Sénecé, poète et courtisan, contribuait de plus d'une manière aux plaisirs de cette cour brillante. Il composait des scènes lyriques, des morceaux de circonstance, des intermèdes que Lulli mettait en musique; et, comme tous ceux qui eurent des rapports avec cet artiste célèbre, il eut sans doute aussi à se plaindre des procédés du *Florentin*. Lulli, uniquement recommandable par son talent musical, était généralement décrié pour sa mauvaise foi, et surtout pour l'infamie de ses mœurs. Vil intrigant, bouffon méprisable, avide d'argent et d'honneurs, tous les moyens lui semblaient bons pour atteindre son but; et il l'atteignit, car, non content d'avoir acquis une fortune considérable [1], il parvint à obtenir une place de secrétaire de la chancellerie, charge qui anoblissait. Le modeste Quinault, dont la muse était à sa solde, fut l'éternelle victime de son exigence et de son avarice. La Fontaine, qu'un caprice du hasard associa pour un moment à l'homme du monde dont le caractère s'éloignait le plus du sien, s'en aperçut trop tard, et se plaignit gaiment d'avoir été *enquinaudé*. Un motif analogue inspira sans doute à Sénecé l'allégorie satirique que l'on vient de lire, et le même sentiment des convenances le détermina à n'employer contre le musicien déloyal que l'arme du ridicule et le ton de la plaisanterie. Despréaux, plus rigide,

---

[1] On trouva dans son coffre, après sa mort, une somme de six cent trente mille livres en or, somme exorbitante pour le temps.

l'avait stygmatisé de sa verge sanglante [1]; Sénecé, content d'af-
fubler l'histrion d'un masque comique, rendit du moins justice à l'homme de génie, et trouva ce moyen de satisfaire à
la fois son léger ressentiment et sa profonde admiration.

Mais ce n'était-là, pour notre auteur, qu'une occasion d'exer-
cer sa verve piquante et spirituelle; une heureuse allégorie lui
fournit un champ plus vaste et lui permet de traduire au tribunal du goût les principales sommités littéraires du siècle
qui finissait. Le *gongorisme* et son obscurité prétentieuse, l'é-
cole italienne représentée par le Caro et le Chiabrera, le
Parnasse germanique illustré par Conrad Celtès, s'offrent tour-
à-tour aux traits de sa critique ingénieuse. Il est impossible
de méconnaître, dans cette fiction, le modèle d'une pièce célèbre qui suscita de nombreux ennemis à l'auteur du Temple
du Goût. Voltaire, à la vérité, arbitre plus compétent, se mon-
tra plus digne de régler les rangs dans la littérature; mais l'i-
dée première appartient à Sénecé, et il est juste de lui en
faire honneur, en tenant compte de l'époque où parut son
allégorie, et de l'exiguité du cadre dans lequel il la déve-
loppa.

En terminant cette note, qu'il me soit permis de faire remarquer la finesse d'un dernier sarcasme lancé contre les traducteurs. Sénecé signala plus d'une fois son juste dépit par de
vives attaques contre ces hommes dépourvus d'imagination,
qui s'acharnaient dès-lors à défigurer les classiques anciens,
en les transportant dans une langue dont les règles étaient à
peine fixées. Ce fut plus tard le sujet de sa II.ᵉ satire intitulée

---

[1] En vain, par sa grimace, un bouffon odieux
À table nous fait rire et divertit nos yeux,
Ses bons-mots ont besoin de farine et de plâtre,
Prenez-le tête à tête, ôtez-lui son théâtre,
Ce n'est plus qu'un cœur bas, un coquin ténébreux,
Son visage essuyé n'a plus rien que d'affreux.
BOIL. épitre IX.

Brossette et Monchesnai assurent que ce portrait est celui de Lulli.

les Auteurs, et ce n'est pas là que devait s'arrêter cette guerre entreprise dans l'intérêt du goût et de la raison, si l'on en juge du moins par le dernier vers de la satire que nous venons de citer :

A revoir, traducteurs ; je vous la garde bonne.

✤✤✤✤✤✤

www.ingramcontent.com/pod-product-compliance
Lightning Source LLC
LaVergne TN
LVHW022028080426
835513LV00009B/921